Impressum
Verlag: BABADADA GmbH, Nedderfeld 112 , 22529 Hamburg
Geschäftsführer / Verlagsleitung: Harald Hof
Druck: Books on Demand GmbH, In de Tarpen 42, 22848 Norderstedt

Imprint
Publisher: BABADADA GmbH, Nedderfeld 112 , 22529 Hamburg, Germany
Managing Director / Publishing direction: Harald Hof
Print: Books on Demand GmbH, In de Tarpen 42, 22848 Norderstedt, Germany

ښوونځی

skola

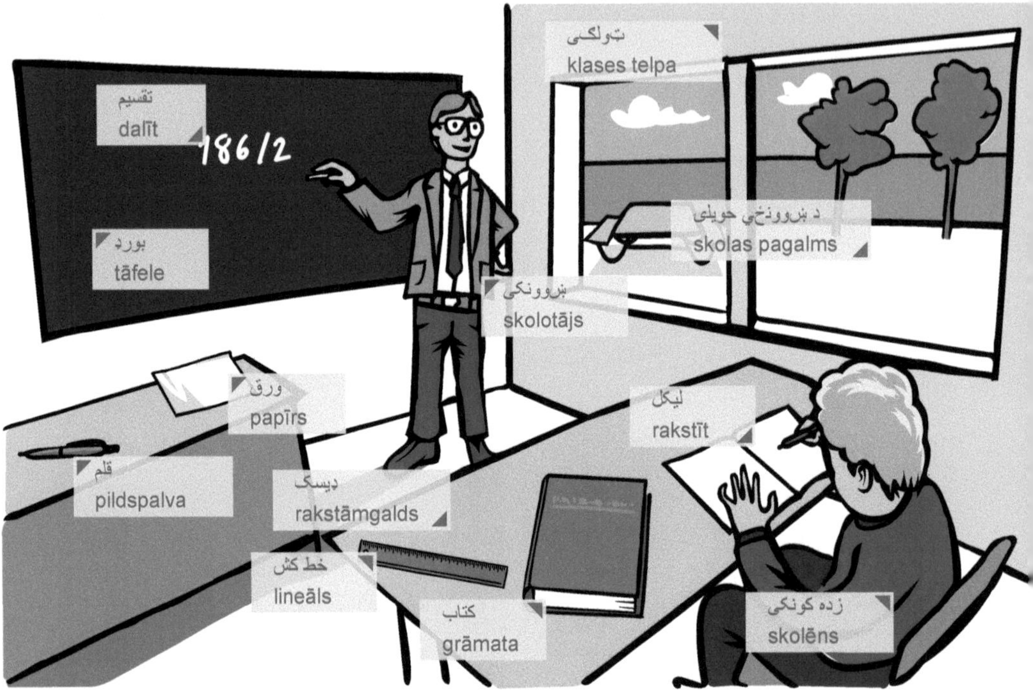

تقسیم
dalīt
186/2
بورډ
tāfele
ټولګی
klases telpa
د ښوونځي حویلی
skolas pagalms
ښوونکی
skolotājs
ورق
papīrs
لیکل
rakstīt
قلم
pildspalva
ډیسک
rakstāmgalds
خط کش
lineāls
کتاب
grāmata
زده کونکی
skolēns

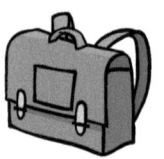

کڅوړه

skolas soma

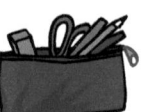

د پنسل بکسه

penālis

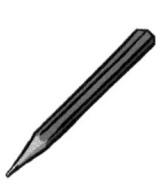

پنسل

zīmulis

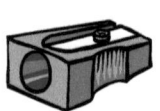

پنسل تراش

zīmuļu asināmais

ربړ

dzēšgumija

د رسامۍ پاڼه

zīmēšanas bloks

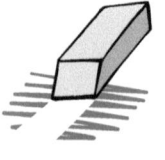

رسامي

zīmējums

د نقاشی برس

ota

د نقاشی بکس

krāsas

قیچی

šķēres

سریش

līme

د تمرین کتاب

darba burtnīca

کورنی دنده

mājas darbs

12

شمیر

skaitlis

2+2

جمع

saskaitīt

5-2

منفي

atņemt

2×2

ضرب

reizināt

حساب

rēķināt

A

توری

burts

ABCDEFG HIJKLMN OPQRSTU VWXYZ

الفبا

alfabēts

hello

کلمه

vārds

متن

teksts

لوستل

lasīt

تباشير

krīts

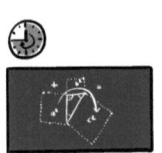

درس

mācību stunda

راجستّر

žurnāls

ازموينه

eksāmens

تصديق پانه

liecība

د ښوونځي يونيفارم

skolas forma

تعليم

izglītība

دايره المعارف

enciklopēdija

پوهنتون

universitāte

مايكروسكوپ

mikroskops

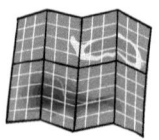

نقشه

karte

اشغالدانی

papīrgrozs

سفر

ceļojums

هوټل
viesnīca
Grand
لیلیه
hostelis
ROOMS
EXCHANGE
د اسعارو د تبادلې دفتر
valūtas maiņas punkts
بکس
čemodāns
موټر
automašīna

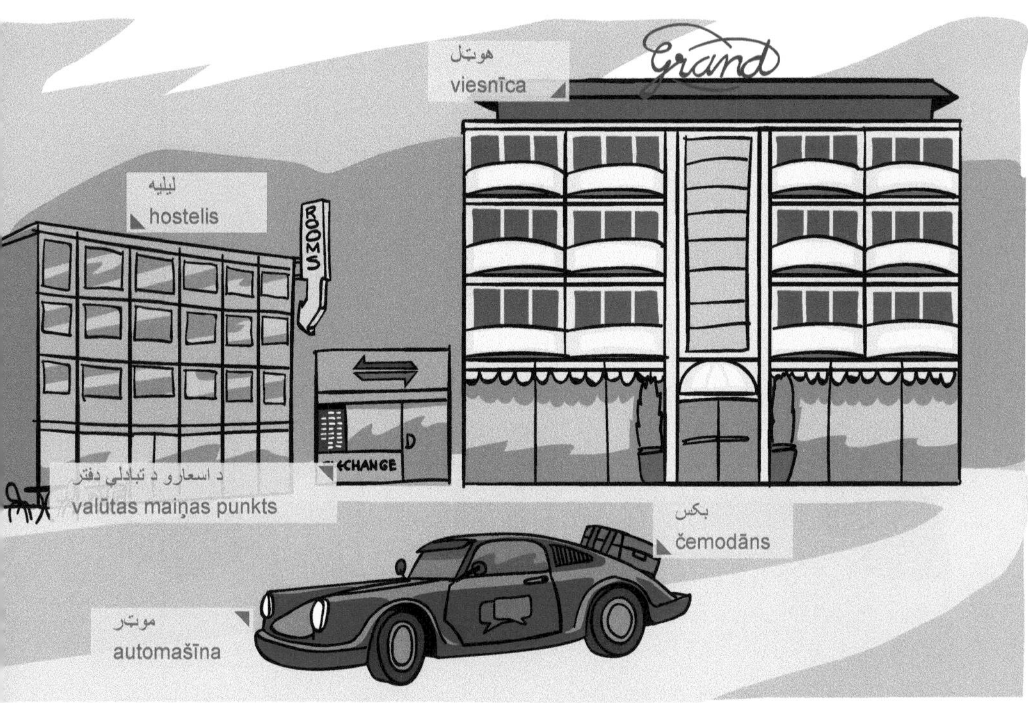

ژبه

Valoda

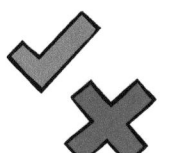

هو/نه

jā / nē

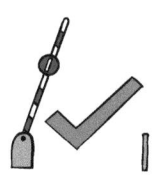

سمه ده

Okay

سلام

Sveiki!

ژباړونکی

tulks

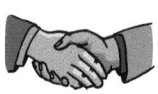

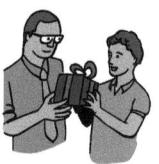

مننه

paldies

ځومره دي...؟

Cik maksā...?

زه نه پوهیږم

Es nesaprotu

ستونزه

problēma

ماښام مو پخیر!

Labvakar!

سهار په خیر!

Labrīt!

شپه په خیر!

Ar labu nakti!

په مخه مو بښه

Uz redzēšanos

لاریڼود

virziens

سامان

bagāža

بیگ

soma

شاتنی بکس

mugursoma

میلمه

viesis

خونه

istaba

د خوب کڅوره

guļammaiss

خیمه

telts

د توريزم معلومات

tūrisma informācija

ساحل

pludmale

کریدیټ کارت

kredītkarte

ناری

brokastis

د غرمی خواره

pusdienas

د شپې خواره

vakariņas

ټیکت

biļete

لفټ

lifts

مهر

pastmarka

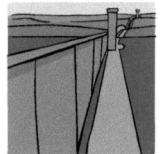

پوله

robeža

ګمرک

muita

سفارت

vēstniecība

ویزه

vīza

پاسپورت

pase

ټرانسپورټ

transports

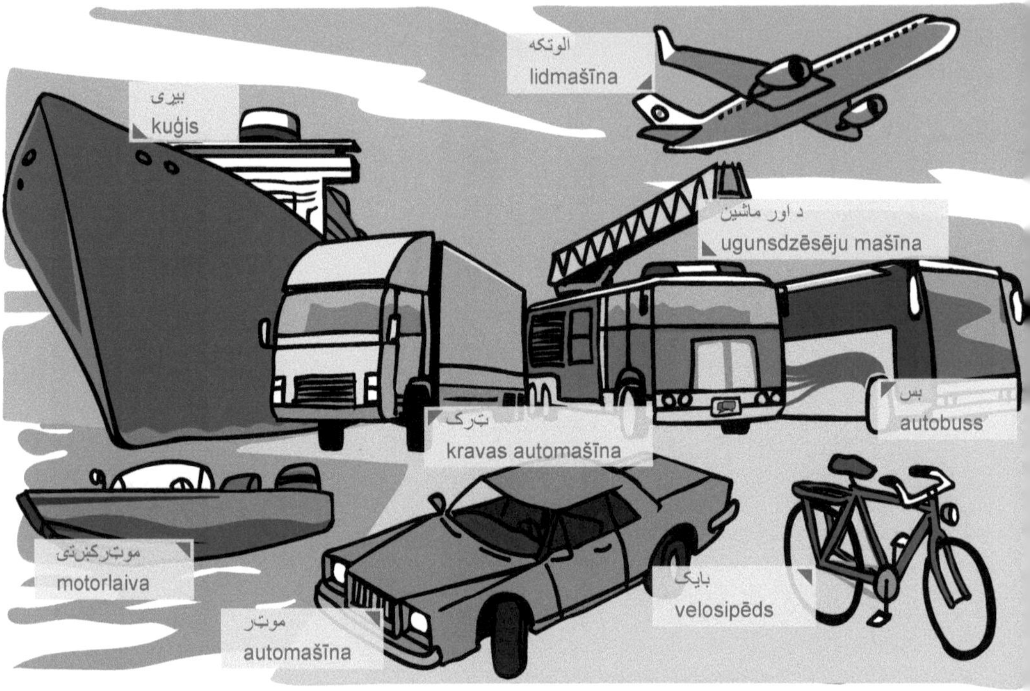
الوتکه
lidmašīna
بېړی
kuģis
د اور ماشين
ugunsdzēsēju mašīna
بس
autobuss
ټرک
kravas automašīna
موټرکښتی
motorlaiva
بایک
velosipēds
موټر
automašīna

کښتی

....

prāmis

کښتی

....

laiva

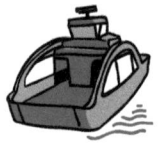

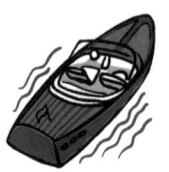

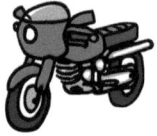

موټرسایکل

....

motocikls

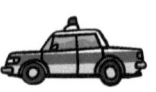

د پولیسو موټر

....

policijas automašīna

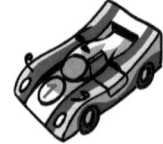

د ریس موټر

....

sacīkšu automobilis

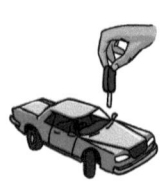

کرایی موټر

....

nomas auto

د کرایه موټری

auto koplietošana

جرثقیل لرونکی ټرک

evakuators

ریفیوز ټرک

atkritumu mašīna

موټر

dzinējs

سونګ ټوکي

benzīns

پترول سټیشن

degvielas uzpildes stacija

ترافیکي نښه

ceļa zīme

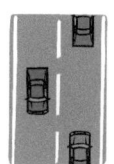

ترافیک

satiksme

جام ترافیک

sastrēgums

د موټرو تمځای

stāvvieta

د ریل سټیشن

dzelzceļa stacija

پاټکي

sliedes

ریل

vilciens

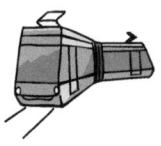

ټرام

tramvajs

واګون

vagons

چورلکه

helikopters

هوايي ډګر

lidosta

برج

tornis

مسافر

pasažieris

کانټينر

konteiners

کارتون

kaste

کارټ

ratiņi

ټوکرۍ

grozs

الوتنه کول/کښېناستل

pacelties / nosēsties

بن‌ار

pilsēta

کلی

ciems

د بن‌ار مرکز

pilsētas centrs

کور

māja

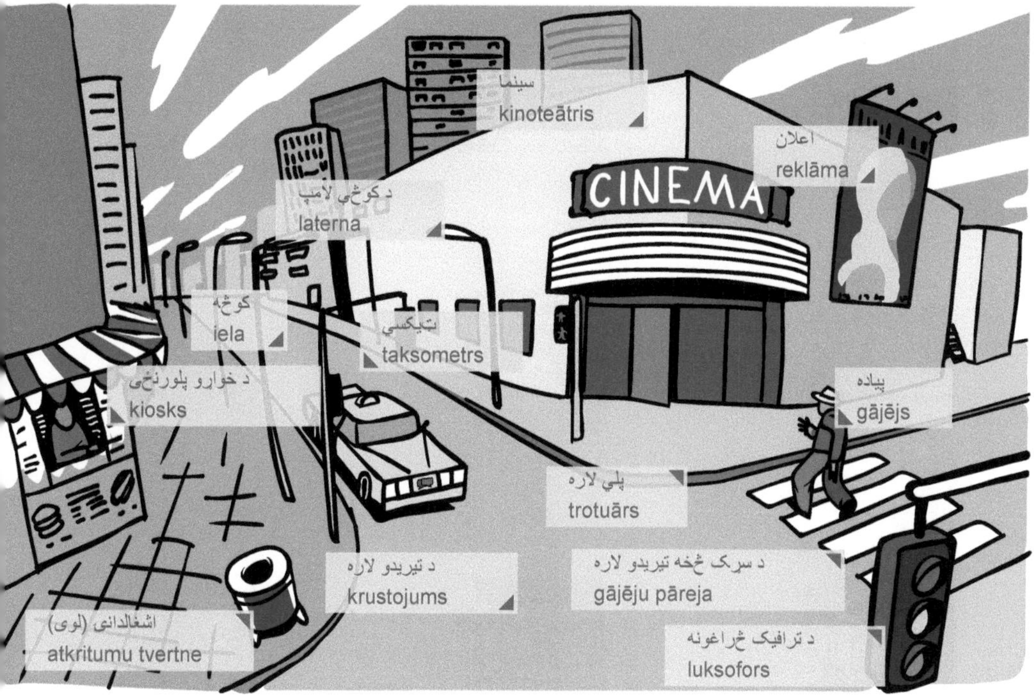
سينما
kinoteātris
اعلان
reklāma
CINEMA
د کوڅې لامپ
laterna
کوڅه
iela
ټيکسي
taksometrs
د خوارو پلورنځی
kiosks
پياده
gājējs
پلي لاره
trotuārs
د تيريدو لاره
krustojums
د سړک څخه تيريدو لاره
gājēju pāreja
اشغالدانی (لوی)
atkritumu tvertne
د ترافيک څراغونه
luksofors

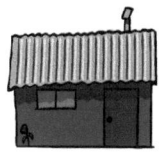

کوډله

būda

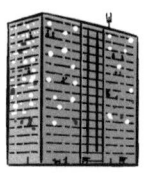

اپارتمان

dzīvoklis

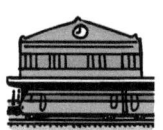

د ريل سټېشن

dzelzceļa stacija

ټاون هال

rātsnams

MUSEUM

ميوزيم

muzejs

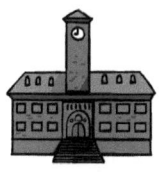

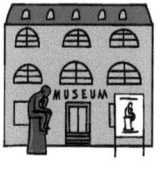

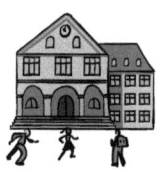

ښوونځی

skola

پوهنتون

universitāte

بانک

banka

روغتون

slimnīca

هوټل

viesnīca

درملتون

aptieka

دفتر

birojs

کتاب پلورنځی

grāmatnīca

پلورنځی

veikals

د ګلانو پلورنځی

ziedu veikals

لوی پلورنځی

lielveikals

مارکیټ

tirgus

د ډیپارټمنټ سټور

tirdzniecības centrs

کب پلورنځی

zivju tirgotājs

د پلور مرکز

tirdzniecības centrs

لنګرتون

osta

پارک

parks

بينچ

sols

پل

tilts

زينه

kāpnes

د خُمکي لاندی

metro

تونل

tunelis

بس تمځای

autobusa pieturvieta

بار

bārs

ريستورانت

restorāns

پوست بکس

pastkastīte

د کوڅې نښه

ielas nosaukuma plāksne

د پارک کولو ميټر

stāvlaika skaitītājs

ژوبڼ

zooloģiskais dārzs

د لامبو حوض

peldbaseins

مسجد

mošeja

كرونده

zemnieku saimniecība

ناپاکي

vides piesārņojums

هديره

kapsēta

چرچ

baznīca

د لوبو ډکر

spēļu laukums

معبد/کليسا

templis

منظره

ainava

لاپه
lapa

د لارښوونې نښه
ceļrādis

لاره
ceļš

چمن
pļava

کانی
akmens

هيکر
ceļotājs

ونه
koks

سيند
upe

واښه
zāle

ګل
puķe

دره

ieleja

غوندی

kalns

ناور

ezers

ځنګل

mežs

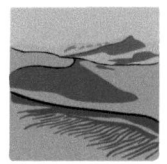

دښته

tuksnesis

اورشیندی

vulkāns

کلا

pils

رنګـین کمان

varavīksne

مرخیړي

sēne

پلم ونه

palma

ماشي

moskīts

الوتل

muša

میږی

skudra

مچی

bite

غوندۍ/جولا

zirneklis

کونگت

vabole

چونگبنه

varde

نولی

vāvere

زیریکی

ezis

سوی

zaķis

کونگ

pūce

مرغی

putns

قازه

gulbis

نرخوک

meža cūka

هوسی

briedis

گاوزه

alnis

بند

aizsprosts

بادي توربین

vēja ģenerators

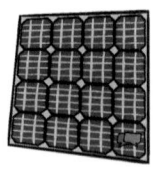

سولر تختی

saules baterija

اقلیم

klimats

ریسټورانټ

restorāns

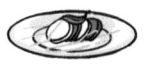

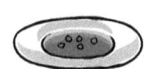

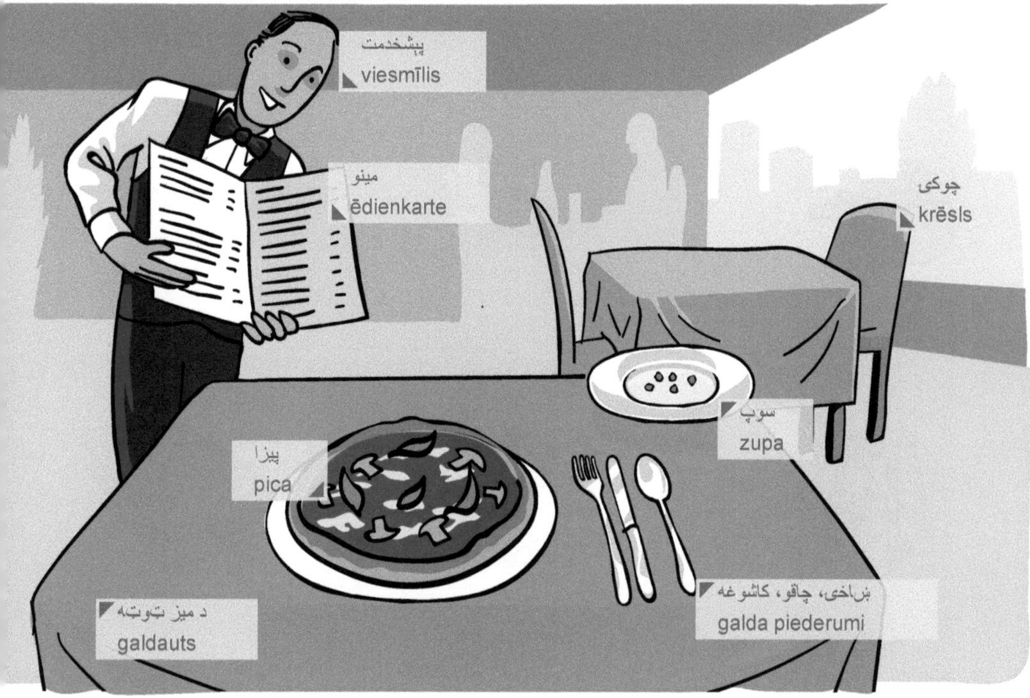
پېشخدمت
viesmīlis
مینو
ēdienkarte
چوکۍ
krēsls
سوپ
zupa
پیزا
pica
بڼاخې، چاقو، کاشوغه
galda piederumi
د میز ټوټه
galdauts

سټارټر

uzkoda

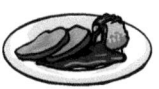

اصلي خواړه

pamatēdiens

شیرني

deserts

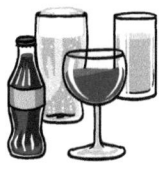

څښاک

dzērieni

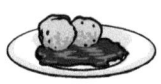

خواړه

ēdiens

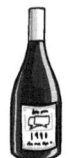

بوتل

pudele

فاست فود

ātrās uzkodas

د کوڅي خواره

ielu uzkodas

چای جوش

tējkanna

قندانی

cukurtrauks

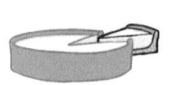

برخه

porcija

اسپرسو مشین

espresso kafijas automāts

لوره چوکی

bāra krēsls

رسید

rēķins

مجمه

paplāte

چاکو

nazis

پنجه

dakša

قاشق

karote

چای قاشق

tējkarote

سورویت

salvete

گلاس

glāze

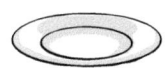

پلیټ

škīvis

د سوپ پلیټ

zupas šķīvis

نالبکی

apakštase

ساس

mērce

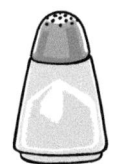

مالګـه شیندونکی

sāls trauciņš

د مرچ بـتـکولو لوخی

piparu dzirnaviņas

سرکه

etiķis

غوري

eļļa

مساله

garšvielas

کچ اپ

kečups

شرشم

sinepes

چکه

majonēze

لوی پلورنځی

lielveikals

خانګړی وړاندیز
piedāvājums
پیرودونکی
klients
FOR
لبنیات
piena produkti
میوه
augļi
لاسي ګاډی
iepirkumu ratiņi

BUTCHERS

قصابي

kautuve

BAKERY

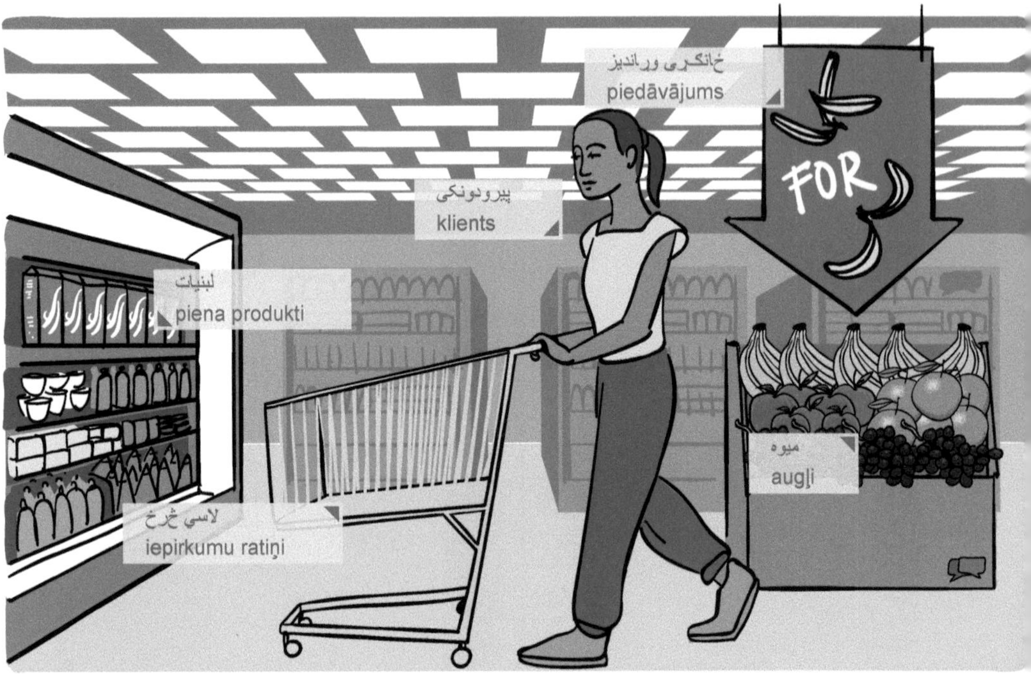

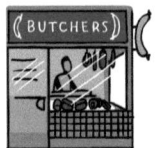

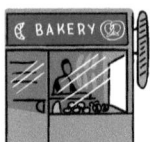

نانوایی

maizes veikals

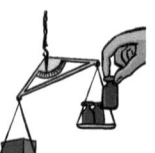

وزن کول

svērt

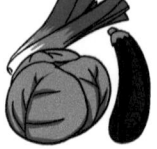

سبزیجات

dārzeņi

غوښه

gaļa

کنګل خواړه

saldēti produkti

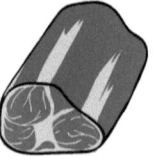

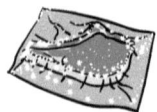

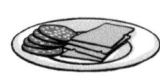

يخه غوښه

aukstās gaļas uzkodas

كنسروا خواره

konservi

د مينځلو پوډر

pulveris

 شيريني

saldumi

كورني توليدات

mājsaimniecības preces

د پاكولو محصولات

tīrīšanas līdzeklis

د پلور فرد

pārdevēja

د نغدي راجستر

kase

صراف

kasieris

د پيرود ليست

iepirkumu saraksts

كاري ساعتونه

darba laiks

بټوه

maks

كريډيټ كارت

kredītkarte

كڅوړه

soma

پلاستيک كڅوړه

maisiņš

dzērieni

اوبه

ūdens

جوس

sula

شیده

piens

کوک

kola

واین

vīns

بیر

alus

الکول

alkohols

ککاو

kakao

چای

tēja

کافي

kafija

اسپرسو

espresso

کپچینو

kapučīno

کيله
....
banāns

منه
....
ābols

نارنج
....
apelsīns

هندوانه
....
melone

ليمو
....
citrons

گازره
....
burkāns

هوږه
....
ķiploks

بانکس
....
bambuss

پياز
....
sīpols

مرخيړي
....
sēne

چغزی
....
rieksti

آش
....
makaroni

سپيگتي

spageti

وريجی

rīsi

سلاد

salāti

چپس

frī kartupeļi

سره کري کچالو

cepti kartupeļi

پيزا

pica

همبرګر

hamburgers

ساندويچ

sviestmaize

کتره

šnicele

د پتون غوښه

šķiņķis

سلمي

salami

ساسچ

desa

چرگ

vista

روست

cepetis

کب

zivs

د وربشی شیرني

auzu pārslas

موسلي

muslis

د جوار پلی

brokastu pārslas

اوره

milti

کروسانت

radziņš

د ډوډۍ رول

brokastu maizītes

ډوډۍ

maize

ټوسټ

tostermaize

بسکیټ

cepumi

کوچ

sviests

چکه

biezpiens

کیک

kūka

هګۍ

ola

پنسي هګۍ

cepta ola

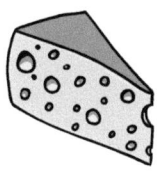

پنیر

siers

آیس کریم

saldējums

بوره

cukurs

شهد

medus

مربا

marmelāde

نوگات کریم

riekstu krēms

کورکمان

karijs

د کروندی خونه
zemnieka māja

غوجل
šķūnis

د بوسو کیدی
salmu rullis

اس
zirgs

خمکه
lauks

لاس گـادی
piekabe

کوچنی اس
kumeļš

تـریکتـر
traktors

خر
ēzelis

وری
jērs

پسه
aita

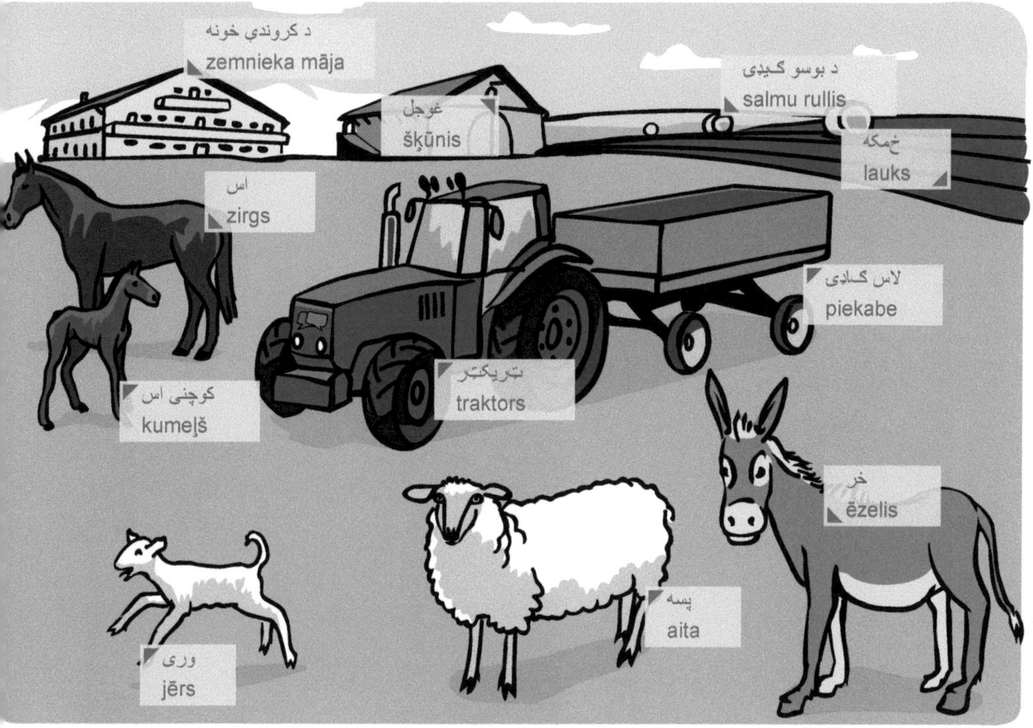

وزه
kaza

غوا
govs

خوسکی
teļš

خوگ
cūka

د خوگ بچی
sivēns

غویی
bullis

بته

zoss

هيلۍ

pīle

چرگوړی

cālis

چرکه

vista

بانگي

gailis

سارای موږک

žurka

پیشک

kaķis

موږک

pele

غویی

vērsis

سپی

suns

د سپي خونه

suņa būda

د باغ هوز

dārza šļūtene

د اوبو لوخی

lejkanna

لور (داس)

izkapts

يوی

arkls

لور
....
sirpis

رمبی
....
kaplis

بڼاخی
....
mēslu dakša

تبر
....
cirvis

کراچی
....
ķerra

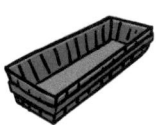

ناوه
....
sile

د شیدو لوخی
....
piena kanna

جوال
....
maiss

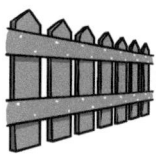

کتباره
....
žogs

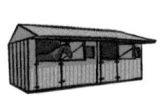

مضبوط
....
kūts

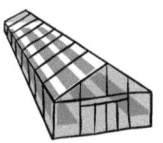

ښنه خونه
....
siltumnīca

خاوره
....
augsne

تخم
....
sēklas

سرهـ/کود
....
mēslojums

کـد ریبونکی ماشین
....
kombains

زیرمه کول
....
novākt ražu

درمند
....
raža

خواړه کچالو
....
jamss

غنم
....
kvieši

سویا
....
soja

کچالو
....
kartupelis

جوار
....
kukurūza

نباتي تخم
....
rapsis

د میوی ونه
....
augļu koks

مانیوک
....
manioka

غله
....
labība

کور
māja

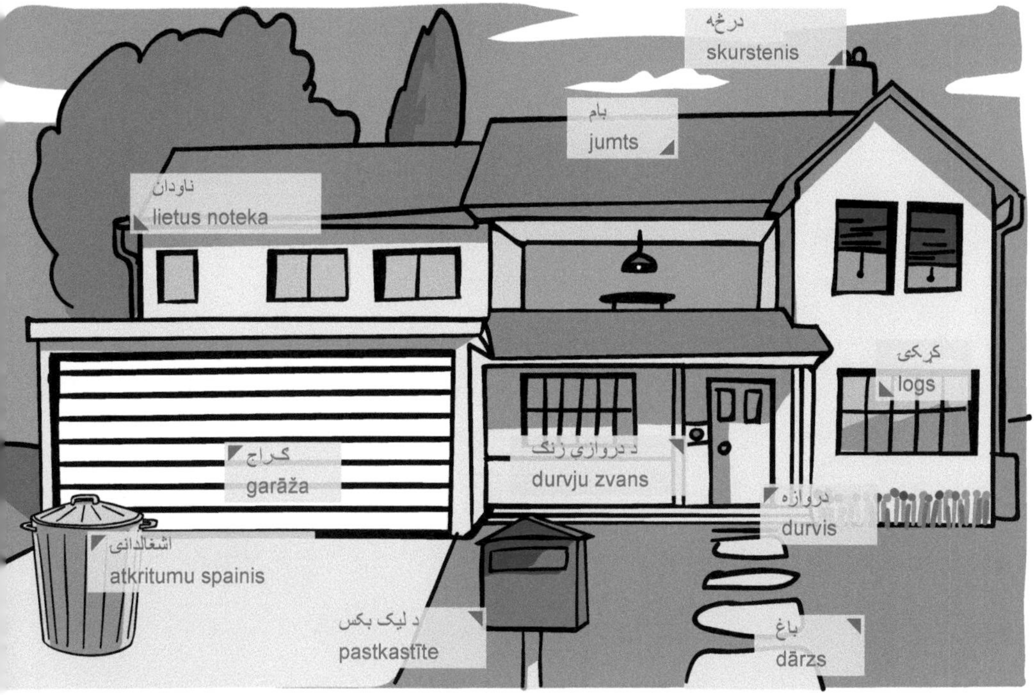

درځه
skurstenis
بام
jumts
ناودان
lietus noteka
کړکۍ
logs
ګراج
garāža
د دروازې زنګ
durvju zvans
دروازه
durvis
اشغالدانی
atkritumu spainis
د لیک بکس
pastkastīte
باغ
dārzs

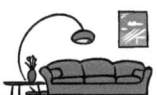

د اوسیدو خونه

viesistaba

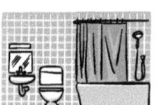

حمام

vannas istaba

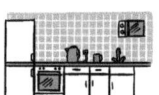

پخلنځی

virtuve

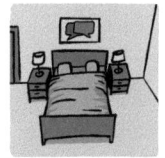

د ویده کیدو خونه

guļamistaba

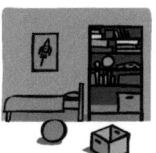

د ماشوم خونه

bērnu istaba

د خوارو خونه

ēdamistaba

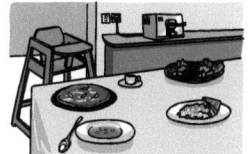

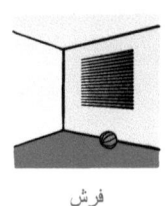

فرش

grīda

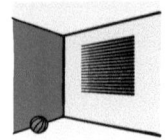

دیوال

siena

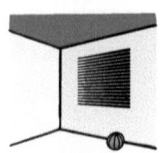

چت

griesti

زیرخانه

pagrabs

سونا

sauna

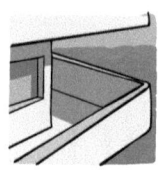

بالکونی

balkons

تراس

terase

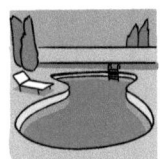

حوض

baseins

د چمن وهلو ماشین

zāles pļāvējs

شیت

gultas veļa

روجایی

sega

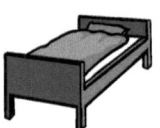

تخت

gulta

جارو

slota

بوکه

spainis

سویچ

slēdzis

د اوسيدو خونه

viesistaba

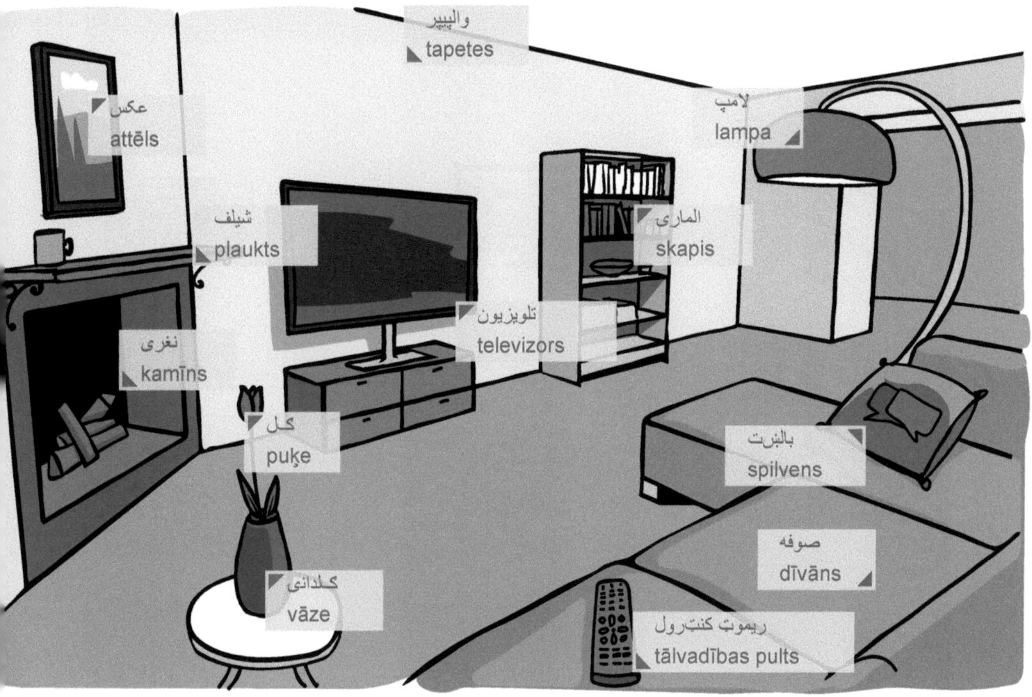

والپیپر
tapetes
عکس
attēls
لامپ
lampa
شیلف
plaukts
الماری
skapis
تلویزیون
televizors
نغری
kamīns
ګل
puķe
بالښت
spilvens
صوفه
dīvāns
ګلدانی
vāze
ریموټ کنټرول
tālvadības pults

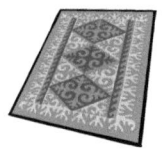

غالی
....
paklājs

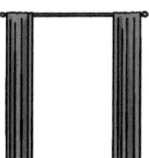

پرده
....
aizkars

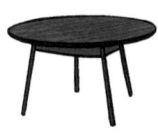

میز
....
galds

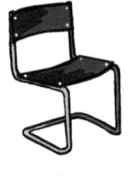

چوکی
....
krēsls

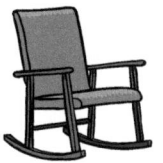

تاویدونکي چوکی
....
šūpuļkrēsls

بازو لرونکی چوکی
....
atpūtas krēsls

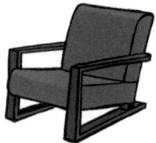

كتاب

grāmata

كمپل

sega

ديكوريشن

dekorācija

د اور لرکـي

malka

فلم

filma

هايفاى

mūzikas centrs

كلي

atslēga

ورځپاڼه

avīze

نقاشي

glezna

پوسټر

plakāts

راديو

radio

كتابچه

pierakstu blociņš

واكيوم جارو

putekļu sūcējs

كاكتوس

kaktuss

شمع

svece

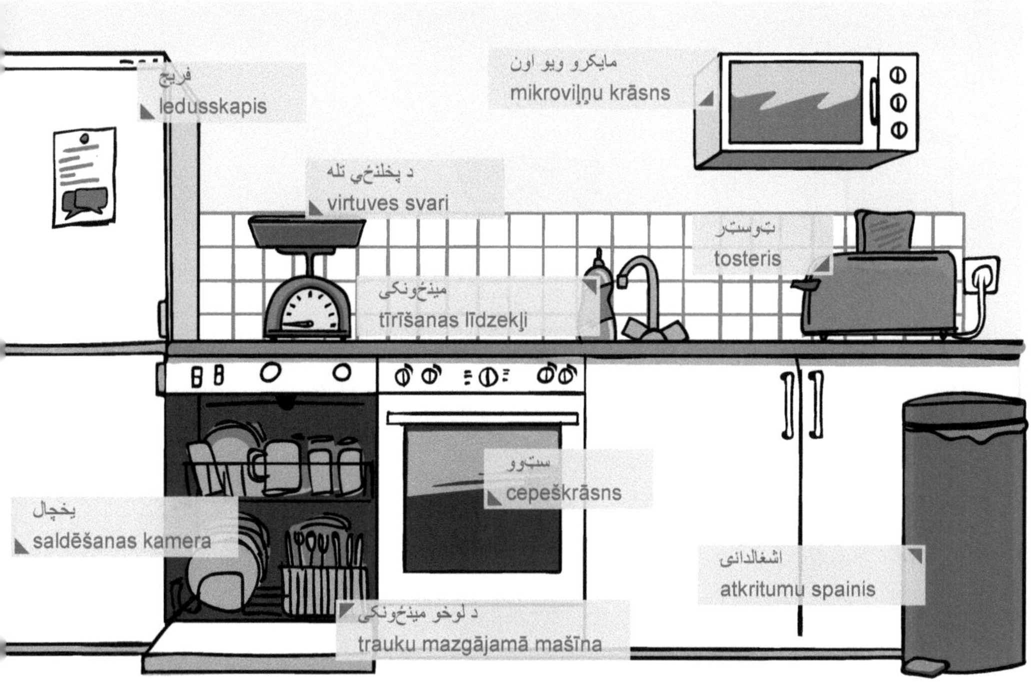

فریج
ledusskapis

مایکرو ویو اون
mikroviļņu krāsns

د پخلنځي تله
virtuves svari

نتوسټر
tosteris

مینځونکی
tīrīšanas līdzekļi

ستوو
cepeškrāsns

یخچال
saldēšanas kamera

اشغالدانی
atkritumu spainis

د لوخو مینځونکی
trauku mazgājamā mašīna

دیگ بخار
plīts

لوخی
pods

چدني لوخی
katls

ووک
Wok panna

د تلی په
panna

چای جوش
elektriskā tējkanna

د بخار ديگ

tvaika katls

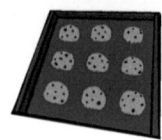

پتنوس

cepešpanna

لوخي

trauki

مگ

krūze

كاسه

bļoda

د رانيولو اوزار

irbulīši

څمڅی

kauss

كفگير

lāpstiņa

پاكونكی

putošanas slotiņa

صافي

sietiņš

غلبيل

siets

كريتـر

rīve

اونگ

piesta

بار بي كيو

grilēt

خلاص اور

atklāts pavards

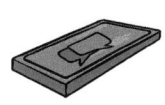

تخته

dēlis

هوارونکی

mīklas rullis

کارک سکریو

korķu viļķis

ټين

bundža

د ټين خلاصونکی

konservu nazis

د لوخي ټوټه

virtuves cimdi

ظرف شوی

izlietne

برس

birste

سپنج

sūklis

بلیندر

mikseris

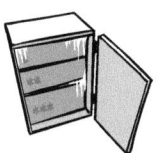

ژور بخچال

saldētava

د ماشوم بوتل

bērna pudelīte

نل

ūdenskrāns

vannas istaba

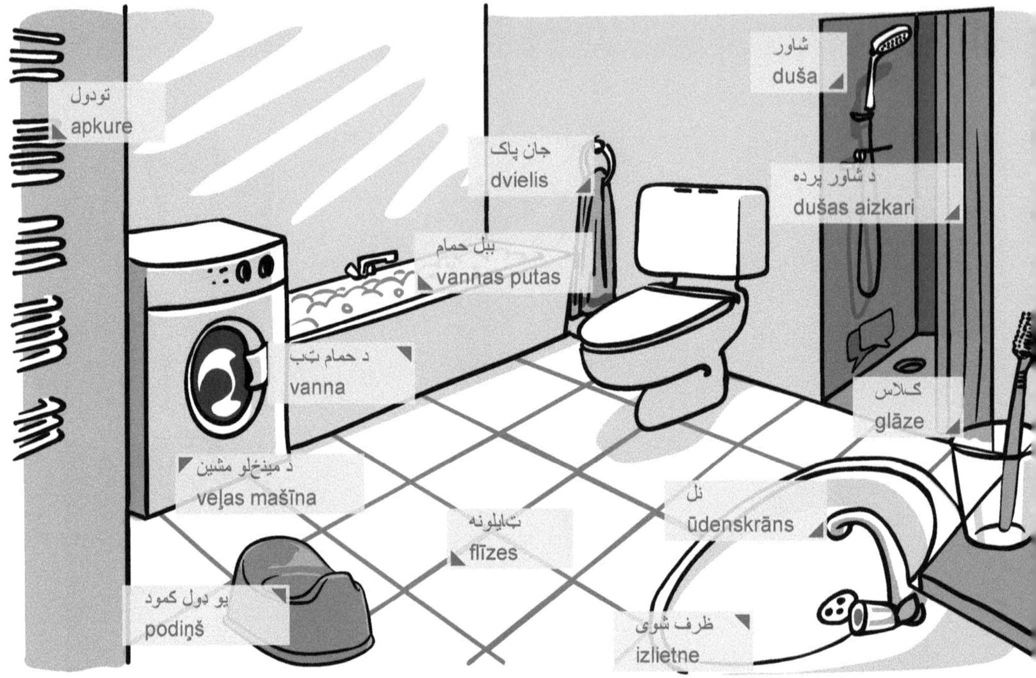

شاور
duša

تودول
apkure

جان پاک
dvielis

د شاور پرده
dušas aizkari

ببل حمام
vannas putas

د حمام ټب
vanna

گلاس
glāze

د مینځلو مشین
veļas mašīna

تایلونه
flīzes

نل
ūdenskrāns

یو دول کمود
podiņš

ظرف شوی
izlietne

تشناب
tualetes pods

فرشي کمود
Āzijas tipa tualete

کمود
bidē

د متیازو خای
pisuārs

تشناب کاغذ
tualetes papīs

د تشناب برس
tualetes birste

د غاښونو برس

zobu birste

د غاښونو کريم

zobu pasta

د غاښونو نخ

zobu diegs

مينځل

mazgāt

لاسي شاور

rokas duša

دوش

duša

خانک

bļoda

د شا برس

muguras mazgāšanas birste

صابون

ziepes

د شاور ژل

dušas želeja

شامپو

šampūns

فلانل جامه

mazgāšanas drāna

وچول

noteka

کريم

krēms

سپری

dezodorants

آینه

spogulis

لاسي آینه

spogulītis

ریزر

skuveklis

د خریلو فوم

skūšanās putas

د خریلو وروسته

losjons pēc skūšanās

کمذخُ

ķemme

برس

matu suka

د ویښتانو وچونکی

matu fēns

د ویښتانو سپری

matu laka

میک اپ

grima komplekts

لیپ سټیک

lūpu krāsa

د نوکانو پالش

nagulaka

کاتن وری

vate

ناخن گیر

šķērītes

عطر

smaržas

د مینځلو کڅوړه

kosmētikas maks

سټول

ķeblītis

د وزن کولو تله

svari

د حمام پوښاک

halāts

د ربړ دستکش

tīrīšanas cimdi

تامپون

tampons

صحیی جان پاک

pakete

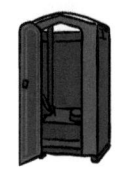

کیمیکل تشناب

ķīmiskā tualete

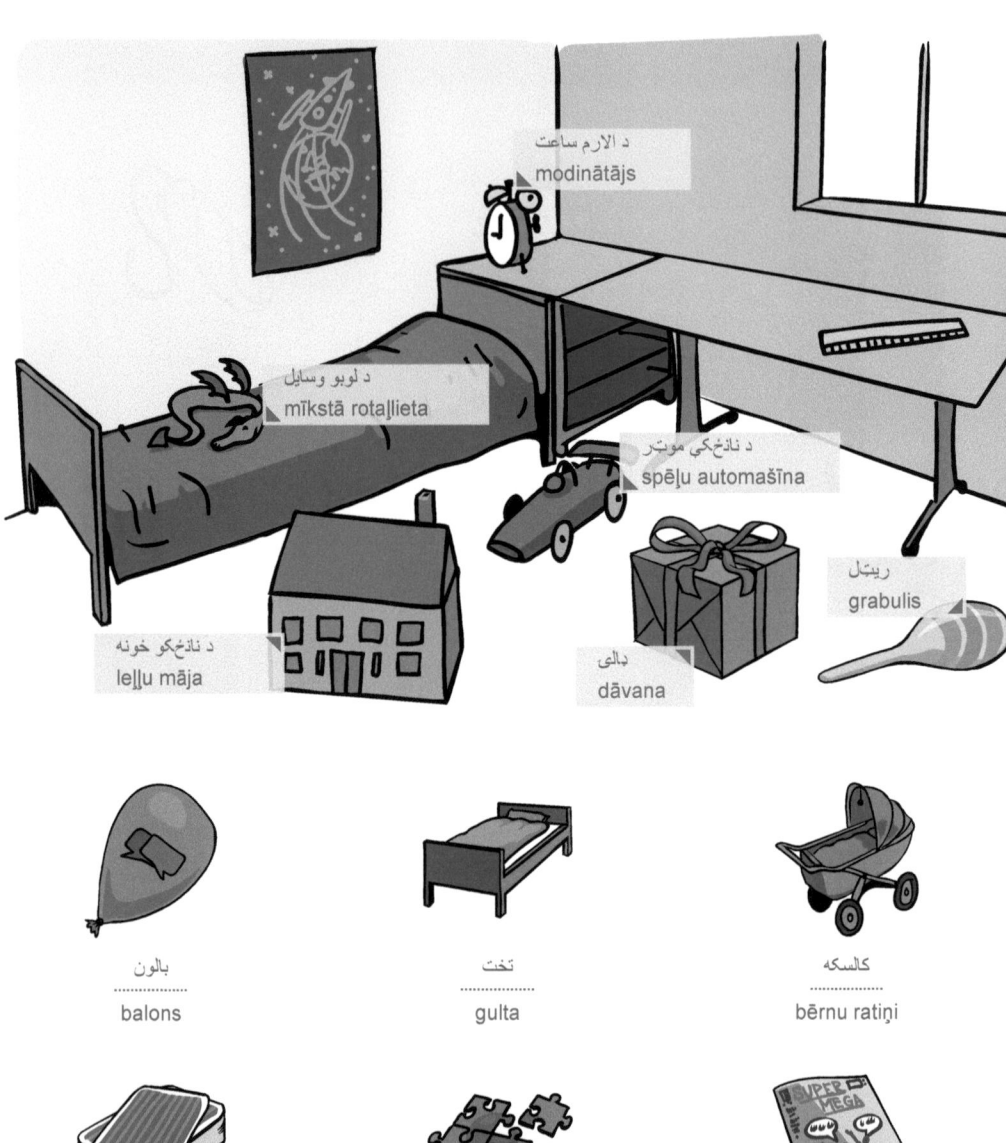

د الارم ساعت
modinātājs

د لوبو وسایل
mīkstā rotaļlieta

د نانځکي موټر
spēļu automašīna

د نانځکو خونه
leļļu māja

بالی
dāvana

ریتل
grabulis

بالون
balons

تخت
gulta

کالسکه
bērnu ratiņi

د لوبو ورقي
kārtis

جیګسا
puzle

مسخره
komikss

لیگـو بریک

LEGO klucīši

د نـاڅخُکو بلاک

klucīši

د اکشن فیگـور

varoņu figūra

د ماشوم پوښاک

rāpulītis

فریزبـی

lidojošais šķīvītis

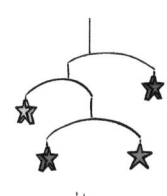

موبایل

muzikālais karuselis

بورد لوبه

galda spēle

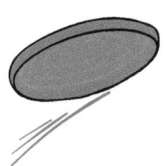

تاس

metamais kauliņš

مادل ریل سیت

rotaļu dzelzceļš

گـونگکشی

māneklis

پارتي

ballīte

د عکسونو البوم

bilžu grāmata

بال

bumba

نـاڅخکه

lelle

لوبیدل

spēlēt

د شگو کنده

smilšu kaste

سوينگ

šūpoles

نازخکی

rotaļlietas

د ويډيو لوبو كنسول

spēļu konsole

تراى سايكل

trīsritenis

گوډبکه

plīša lācītis

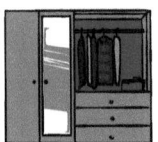

د كالو المارى

drēbju skapis

جرابى

īszeķes

لوري جرابى

zeķes

تايتس

zeķbikses

زروكي
šalle

چتری
lietussargs

کمربند
siksna

ټي شرت
T-krekls

سنیکر
botas

بوتان
zābaks

سلیپر
čības

سیندل

sandales

بوتان

kurpes

د ربر بوتان

gumijas zābaki

زیرنیکري

apakšbikses

سینه بند

krūšturis

واسکت

apakškrekls

بادي

bodijs

پتلون

bikses

جينز

džinsi

لمن

svārki

بلاوز

blūze

شرت

krekls

بنيان

pulovers

سويتر

džemperis

بليزر

žakete

جاكټ

jaka

کوټ

mētelis

د باران کوټ

lietus mētelis

پوښاک

kostīms

کالی

kleita

د واده پوښاک

kāzu kleita

دريشي

uzvalks

د ښپی پوښاک

naktskrekls

پاجامه

pidžama

ساري

sari

لوپټه

lakats

پټکی

turbāns

برقه

burka

كفتن

kaftāns

عبا

abaja

د لامبو پوښاک

peldkostīms

نيكر

peldbikses

شارت

šorti

د خُغاستی پوښاک

treniņtērps

پیش بند

priekšauts

دستكش

cimdi

بټن

poga

عینک

brilles

لاس بند

rokassprādze

غاړه کی

kaklarota

ګوتمه

gredzens

غوږوالی

auskars

خولۍ

cepure

کوټ بند

drēbju pakaramais

خولۍ

platmale

نېكايي

kaklasaite

ځنځير

rāvējslēdzējs

هیلمیت

ķivere

ترونکۍ

bikšturi

د ښوونځي یونیفارم

skolas forma

یونیفارم

uniforma

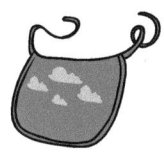

بیب

priekšautiņš

ګونګشی

māneklis

نیپي

autiņbiksītes

دفتر

birojs

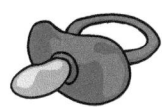

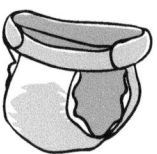

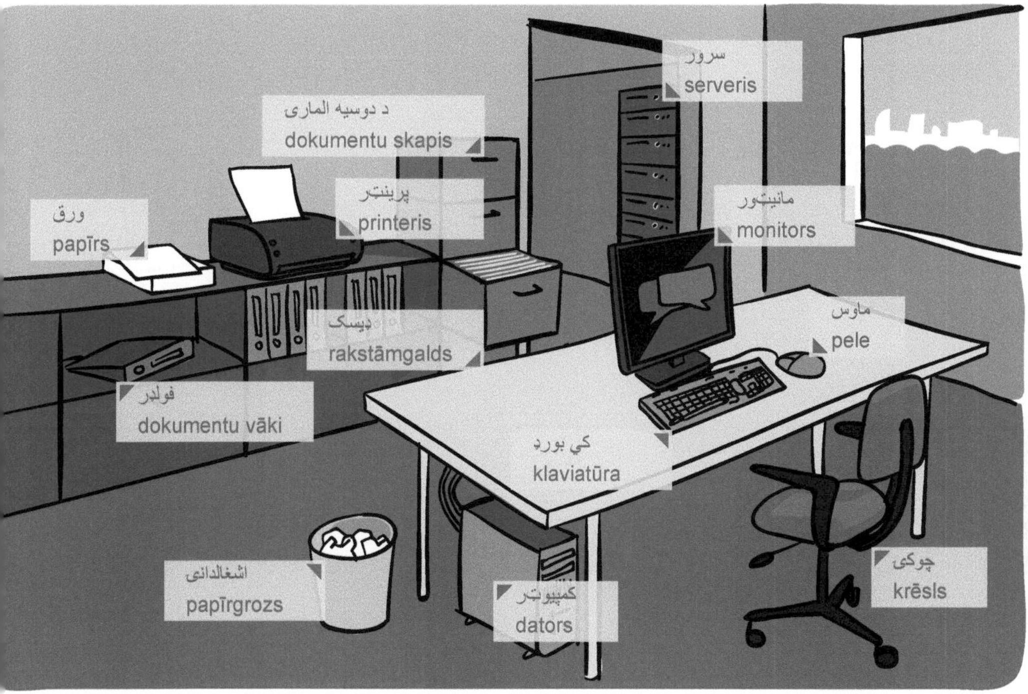

سرور
serveris
د دوسيه الماری
dokumentu skapis
پرينټر
printeris
ورق
papīrs
مانيټور
monitors
ماوس
pele
ډیسک
rakstāmgalds
فولډر
dokumentu vāki
کي بورډ
klaviatūra
اشغالدانی
papīrgrozs
کمپيوټر
dators
چوکۍ
krēsls

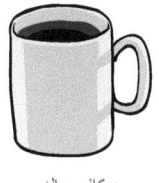

د کافي پياله

kafijas krūze

کالکوليټر

kalkulators

انټرنيټ

internets

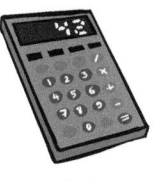

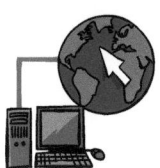

لپ ٹاپ

portatīvais dators

لیک

vēstule

پیغام

ziņa

موبایل

mobilais tālrunis

نیٹورک

tīkls

فوٹوکاپیر

kopētājs

سافٹویر

programmatūra

ٹلیفون

telefons

پلگ ساکٹ

rozete

فکس مشین

faksa aparāts

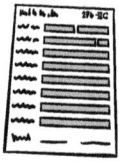

فارم

formulārs

سند

dokuments

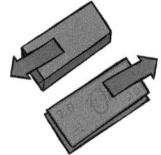

پیرل

pirkt

تادیه کول

samaksāt

سوداگري کول

tirgot

پیسی

nauda

دالر

dolārs

یورو

eiro

ین

jēna

ربل

rublis

سویسي فرانک

franks

رینمینبي یوان

juaņa renminbi

روپی

rūpija

د نغدي پیسو خای

bankomāts

د اسعارو د تبادلي دفتر

valūtas maiņas punkts

سره زر

zelts

سپین زر

sudrabs

تیل

nafta

انرژي

enerģija

نرخ

cena

قرارداد

līgums

مالیه

nodoklis

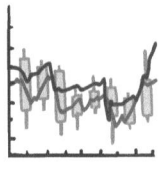

اسهام

akcija

کار کول

strādāt

کارمند

darbinieks

کار ګومارونکی

darba devējs

فابریکه

fabrika

پلورنځی

veikals

مسلکونه

profesijas

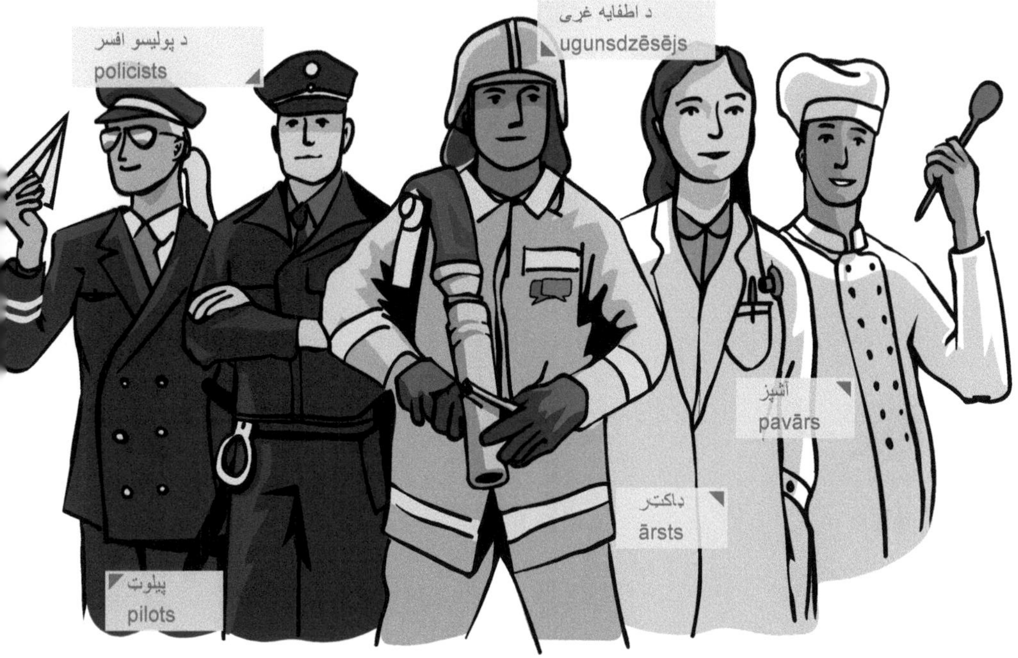

د پولیسو افسر
policists
د اطفایه غړی
ugunsdzēsējs
آشپز
pavārs
ډاکټر
ārsts
پیلوټ
pilots

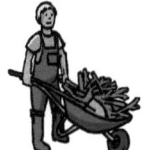

باغوان

dārznieks

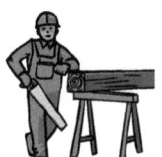

نجار

galdnieks

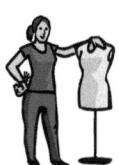

خیاط

šuvēja

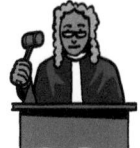

قاضي

tiesnesis

کیمیا پوه

ķīmiķis

د فلم لوبغاړی

aktieris

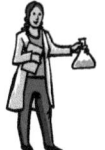

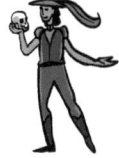

د بس ډرايور

autobusa vadītājs

د ټيکسي ډرايور

taksometra vadītājs

کب نيونکی

zvejnieks

خدمه

apkopēja

بام جوړونکی

jumiķis

پېشخدمت

viesmīlis

ښکاري

mednieks

نقاش

gleznotājs

نانوا

maiznieks

د برېښنا کارکونکی

elektriķis

تعمير جوړونکی

celtnieks

انجنير

inženieris

قصاب

miesnieks

نلدوان

skārdnieks

پوست رسونکی

pastnieks

سرتیری

karavīrs

مهندس

arhitekts

صراف

kasieris

مالیار

florists

نایی

frizieris

کلیندر

konduktors

میکانیک

mehāniķis

کپتان

kapteinis

د غاښونو ډاکتر

zobārsts

ساینس پوه

zinātnieks

بشاغلی

rabīns

امام

imāms

مذهبي نفر

mūks

پادري

mācītājs

لوازم

instrumenti

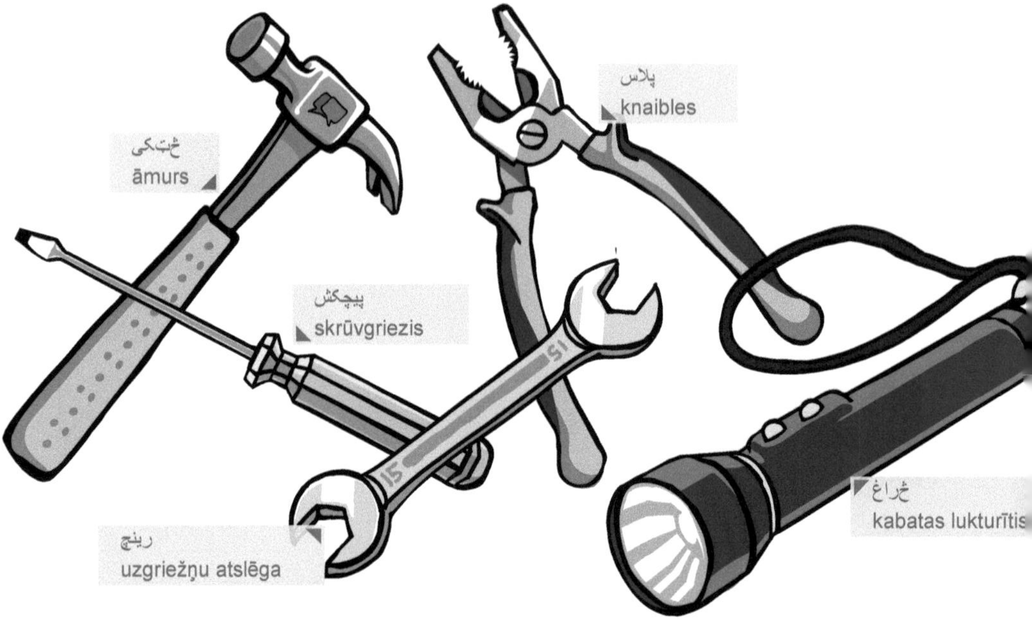

څټکی
āmurs
پلاس
knaibles
پیچکش
skrūvgriezis
رینچ
uzgriežņu atslēga
څراغ
kabatas lukturītis

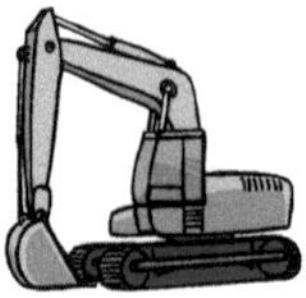

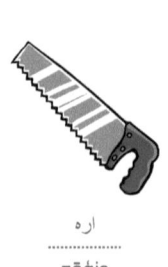

کنستونکی

ekskavators

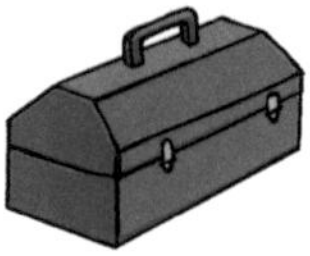

د لوازمو بکس

instrumentu kaste

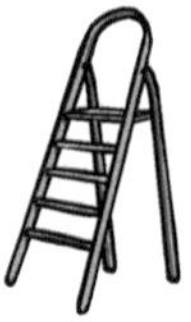

زینه

kāpnes

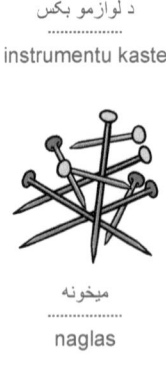

اره

zāģis

میخونه

naglas

برمه

urbis

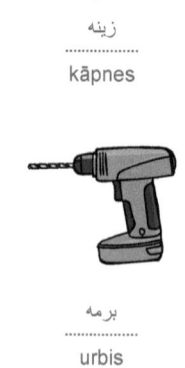

ترمیم کول

remontēt

بیل

lāpsta

لعنت!

Velns!

خاک انداز

liekšķere

مشوانړی

krāsas bundža

پیچونه

skrūves

د میوزیک آلات
mūzikas instrumenti

لاود سپیکر
skaļrunis

درم سیټ
bungas

کنټرباس
kontrabass

ترومپیټ
trompete

کیتار
ģitāra

پیانو

klavieres

وایلن

vijole

باس

bass

نغاره

timpāni

درمونه

bungas

کي بورډ

digitālās klavieres

سیکسافون

saksofons

شپیلی

flauta

مایکروفون

mikrofons

د میوزیک آلات - mūzikas instrumenti

ژوبڼ

zooloģiskais dārzs

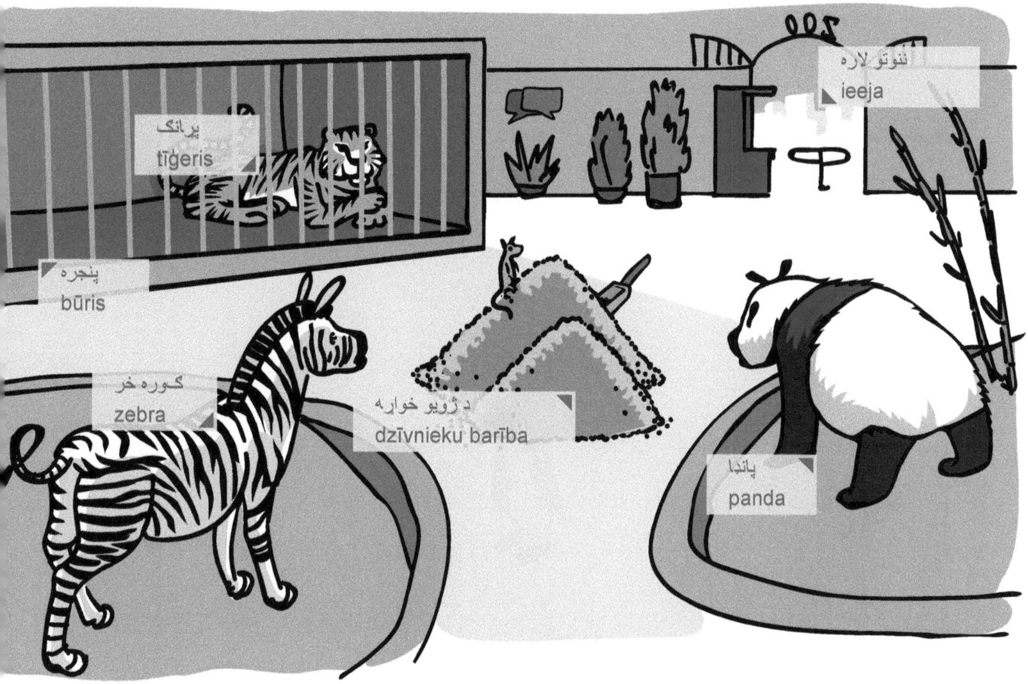

ننوتو لاره
ieeja
پړانګ
tīģeris
پنجره
būris
ګوره خر
zebra
د ژويو خواره
dzīvnieku barība
پاندا
panda

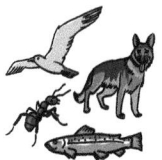

ژوی
dzīvnieki

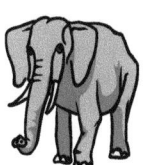

هاتي
zilonis

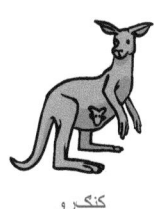

کنګرو
ķengurs

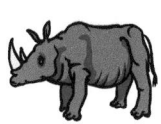

د اوبو اسپ
degunradzis

ګوريلا
gorilla

ايږه
lācis

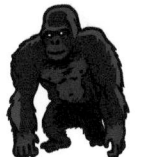

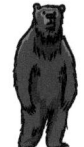

اوښ

kamielis

ښترمرغ

strauss

زمری

lauva

بيزو

pērtiķis

غزی

flamings

طوطي

papagailis

قطبي ايږه

polārlācis

پينګوين

pingvīns

شارک

haizivs

طاوس

pāvs

مار

čūska

تمساح

krokodils

ژوبن ساتونکی

zoodārza sargs

سيل

ronis

جګوار

jaguārs

يابو

ponijs

پرانگ

leopards

هيپو

nīlzirgs

زرافه

žirafe

باز

ērglis

نرخوگ

meža cūka

کب

zivs

شمشتی

bruņurupucis

سمندري نولی

valzirgs

گیدره

lapsa

هوسی

gazele

امریکایی فټبال
amerikāņu futbols

سایکل خپغلول
riteņbraukšana

تینیس
teniss

باسکیتبال
basketbols

لامبو
peldēšana

د کنګل هاکي
hokejs

باکسینګ
bokss

فټبال
futbols

کسیزه
badmintons

د خغاستي لوبي
vieglatlētika

د هندبال
rokas bumba

سکي
slēpošana

پولو
polo

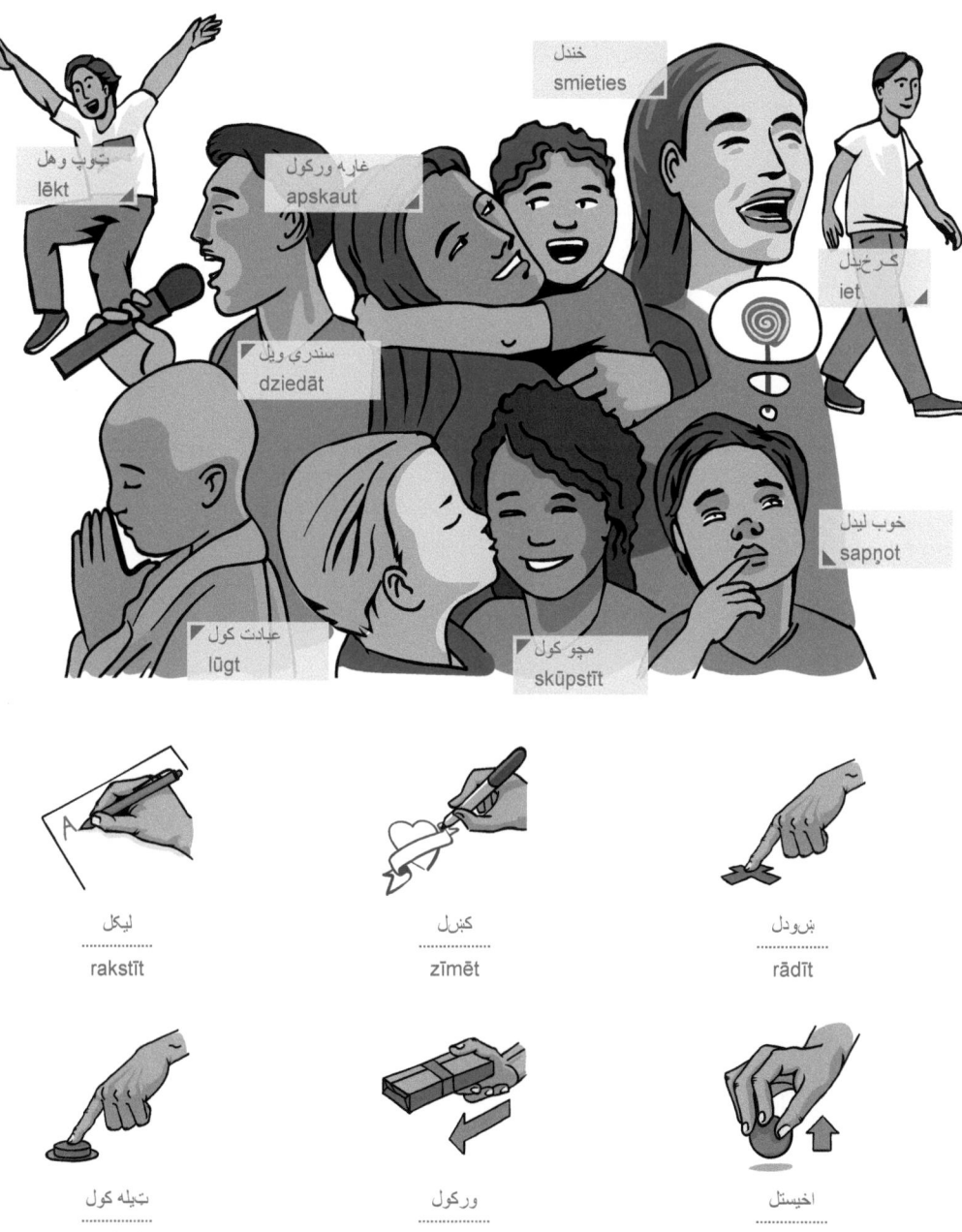

خندل
smieties

ټوپ وهل
lēkt

غاړه ورکول
apskaut

ګرځېدل
iet

سندري ویل
dziedāt

خوب لیدل
sapņot

عبادت کول
lūgt

مچ و کول
skūpstīt

لیکل
rakstīt

کښل
zīmēt

ښودل
rādīt

ټېله کول
spiest

ورکول
dot

اخیستل
ņemt

درلودل

būt

کول

darīt

پاييدل

būt

ودريدل

stāvēt

مندي وهل

skriet

راکښل

vilkt

کوزارل

mest

لويدل

krist

ځملاستل

gulēt

انتظار کول

gaidīt

ورل

nest

کښيناستل

sēdēt

پوښاک اغوستل

uzǵērbt

ويده کيدل

gulēt

پاڅيدل

pamosties

كتل

skatīties

ژرل

raudāt

بريد كول

glāstīt

كـمذخ كول

ķemmēt

خبري كول

runāt

پوهيدل

saprast

غوبشتل

jautāt

اوريدل

dzirdēt

خچبشل

dzert

خورل

ēst

پاكول

sakārtot

مينه كول

mīlēt

پخلى كول

vārīt

موټر چلول

braukt

الوتل

lidot

بیری چلول

burot

حساب

rēķināt

لوستل

lasīt

زده کول

mācīties

کار کول

strādāt

واده کول

precēties

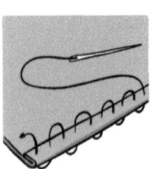

ګنډل

šūt

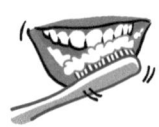

د غاښونو برس کول

tīrīt zobus

وژل

nogalināt

سګرټ څېشل

smēķēt

لیږل

sūtīt

کورنۍ

ģimene

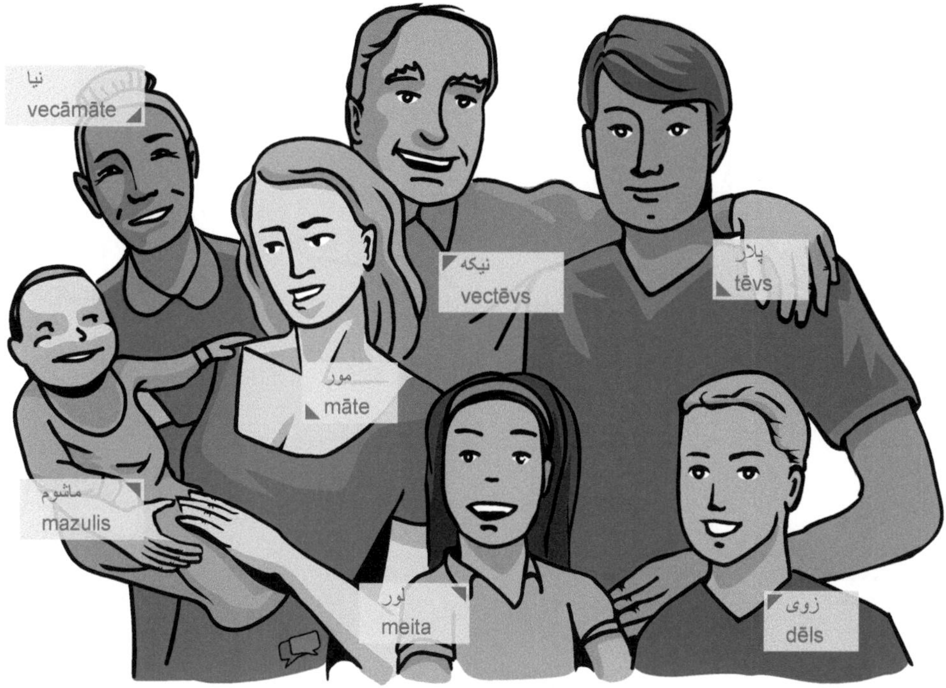
نیا
vecāmāte
نیکه
vectēvs
پلار
tēvs
مور
māte
ماشوم
mazulis
لور
meita
زوی
dēls

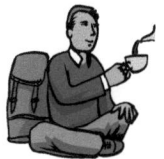

میلمه

viesis

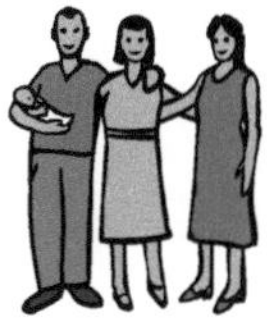

ترور

tante

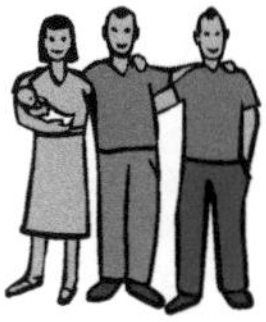

کاکا/ماما

onkulis

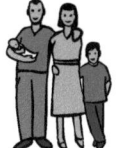

ورور

brālis

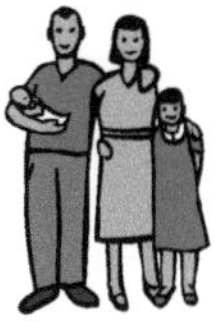

خور

māsa

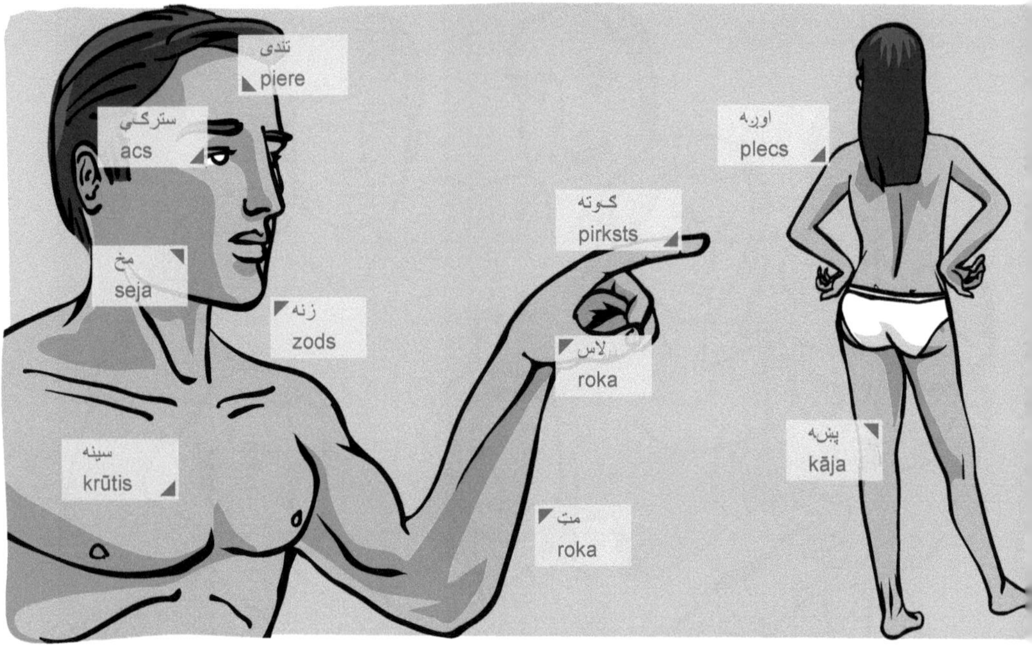

تێندی
piere

ستركگی
acs

مخ
seja

زنه
zods

سینه
krūtis

اوږه
plecs

ګوته
pirksts

لاس
roka

مټ
roka

پښه
kāja

ماشوم
....
mazulis

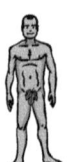

سړی
....
vīrietis

ښڅه
....
sieviete

انجلۍ
....
meitene

هلک
....
zēns

سر
....
galva

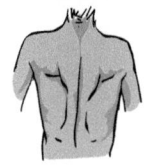

شا
mugura

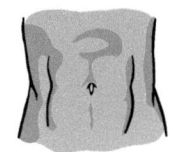

خيټه
vēders

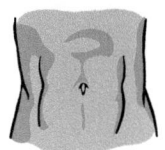

نوم
naba

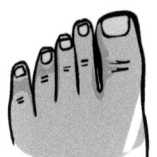

د پښې ګوته
kājas pirksts

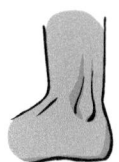

پونده
papēdis

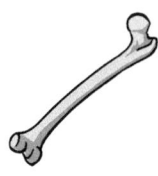

هدوکی
kauls

کوناتﻰ
gurns

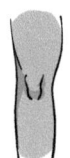

زنګون
celis

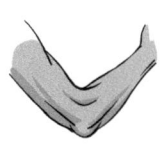

څنګل
elkonis

پوزه
deguns

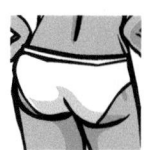

لاندي برخه
dibens

پوتکی
āda

غومبوری
vaigs

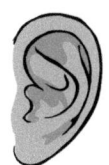

غوږ
auss

ﺷﻮﻧډه
lūpa

خوله

mute

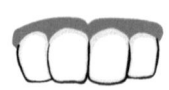

غاښ

zobs

ژبه

mēle

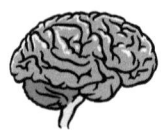

مغز

smadzenes

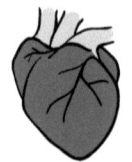

زړه

sirds

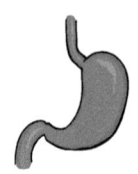

عضله

muskulis

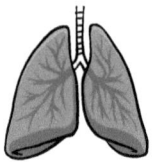

سږی

plaušas

ځيګر

aknas

معده

kuņģis

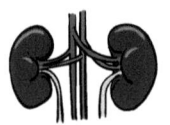

پښتورګي

nieres

جنسي نردي والی

dzimumakts

کاندوم

kondoms

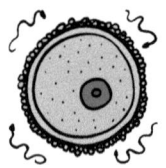

تخمه

olšūna

مني

sperma

حمل

grūtniecība

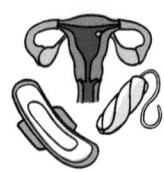

حيض

menstruācijas

مهبل

vagīna

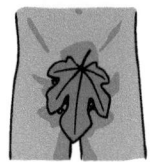

د نارينه تناسلي آله

penis

وروځی

uzacs

ویښته

mati

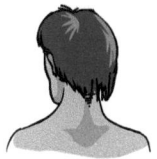

غاړه

kakls

روغتون
slimnīca

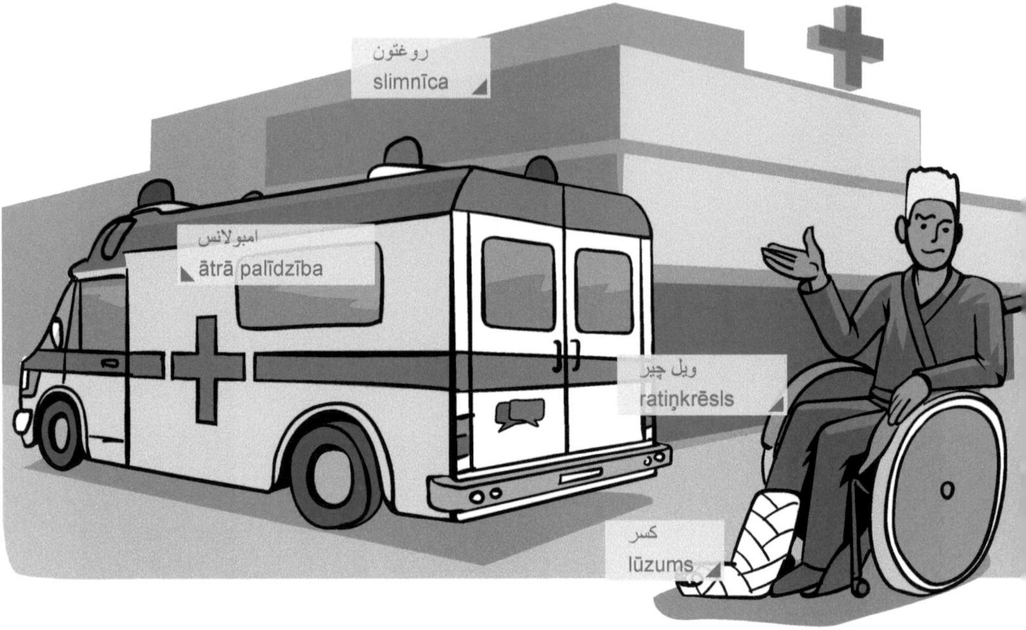

روغتون
slimnīca
امبولانس
ātrā palīdzība
ویل چیر
ratiņkrēsls
کسر
lūzums

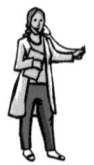

ډاکټر
ārsts

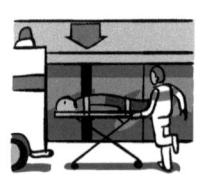

عاجل خونه
neatliekamās palīdzības nodaļa

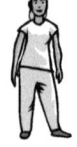

رنځورپال
medmāsa

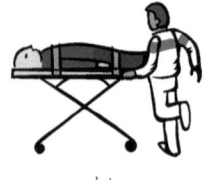

عاجل
ārkārtas gadījums

بې هوش
paģībis

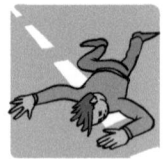

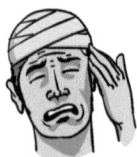

درد
sāpes

پټ

ievainojums

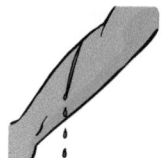

لدیو تینه

asiņošana

د زره حمله

sirdslēkme

برض

insults

تساسیح

alerģija

ی وخت

klepus

هبت

temperatūra

انفلوینزا

gripa

ی تسان سن

caureja

سر درد

galvassāpes

سرطان

vēzis

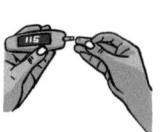

رکش

diabēts

راح ج

ķirurgs

لپلاکس

skalpelis

عملیات

operācija

سیرتهی

datortomogrāfija

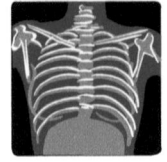

ایکس ری

rentgents

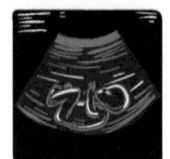

الترساونڈ

ultraskaņa

د مخ ماسک

sejas maska

ناروغي

slimība

انتظار خونه

uzgaidāmā telpa

امسآ

kruķis

پلستر

plāksteris

بنداژ

apsējs

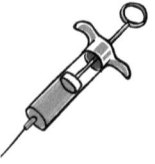

تزریق

injekcija

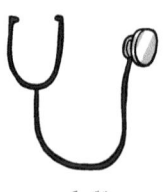

ستاتسکوپ

stetoskops

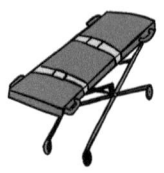

تسکیره

nestuves

کلینيکي ترماميتر

termometrs

زیږون

dzemdības

زیات وزن

liekais svars

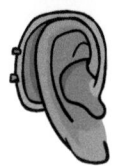

د اوريدو مرسته

dzirdes aparāts

د عفونيت څخه پاکونکي مواد

dezinfekcijas līdzeklis

عفونيت

infekcija

ويروس

vīruss

ايچ.آی.وی/ايدز

HIV / AIDS

درمل

zāles

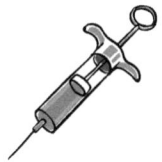

واکسين

pote

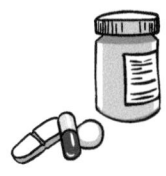

ټابليټس

tabletes

ګولۍ

pretapauglošanās tablete

عاجل ټليفون

ārkārtas izsaukums

د ويني د فشار څارونکی

asinsspiediena mērītājs

ناروغ/روغ

slims / vesels

مرسته!

Palīgā!

الارم

trauksme

يرغل

uzbrukums

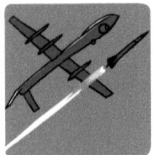

بريد

uzbrukums

خطر

bīstamība

عاجل لاره

avārijas izeja

اور!

Uguns!

د اور وژونکی

ugunsdzēšamais aparāts

پیښه

negadījums

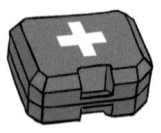

د لومړی مرستي لوازم

pirmās palīdzības aptieciņa

ایس.او.ایس

SOS

پولیس

policija

اروپا

Eiropa

شمالي امریکا

Ziemeļamerika

سهیلي امریکا

Dienvidamerika

افريقا

Āfrika

آسيا

Āzija

آسټريليا

Austrālija

اتلانتيک

Atlantijas okeāns

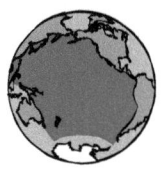

پاسيفيک

Klusais okeāns

د هند بحر

Indijas okeāns

جنوبي منجمد بحر

Dienvidu okeāns

د شمال قطب بحر

Ziemeļu ledus okeāns

شمالي قطب

Ziemeļpols

سهیلی قطب

Dienvidpols

انتارکتیکا

Antarktika

خمکه

zeme

خمکه

zeme

بحر

jūra

ټاپو

sala

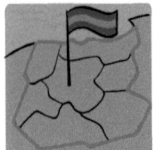

ملت

nācija

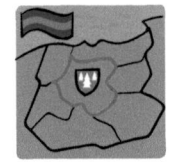

دولت

valsts

pulkstenis

د مخي ساعت

ciparnīca

د ساعت ستنه

stundu rādītājs

د دقیقی ستنه

minūšu rādītājs

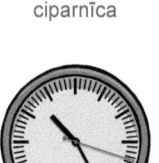

د ثانیی ستنه

sekunžu rādītājs

څه وخت دی؟

Cik ir pulkstenis?

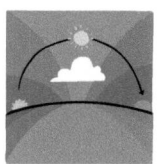

ورخ

diena

وخت

laiks

اوس

tagad

دیجیتل ساعت

digitālais pulkstenis

دقیقه

minūte

ساعت

stunda

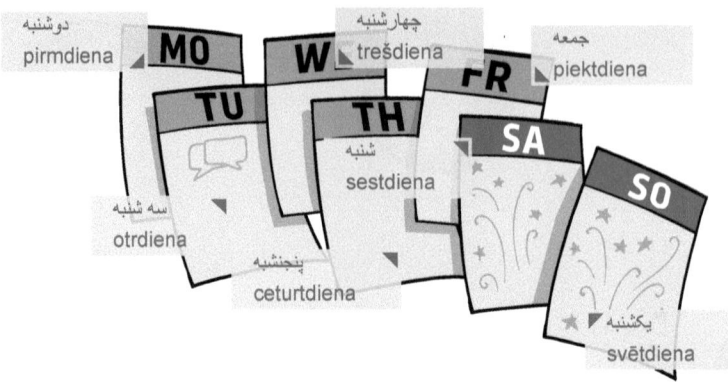

دوشنبه
pirmdiena

چهارشنبه
trešdiena

جمعه
piektdiena

سه شنبه
otrdiena

شنبه
sestdiena

پنجشنبه
ceturtdiena

یکشنبه
svētdiena

پرون
vakardien

نن
šodien

سبا
rītdien

سهار
rīts

غرمه
pusdienlaiks

ماښام
vakars

کاري ورځي
darbadienas

د اونۍ پای
brīvdienas

کال
gads

باران
lietus
رنګین کمان
varavīksne
باد
vējš
واوره
sniegs
پسرلی
pavasaris
اوړی
vasara
منی
rudens
ژمی
ziema

4.APRIL 11°
5.APRIL 4°
6.APRIL 13°
7.APRIL 8°
8.APRIL 10°

د موسم وړاندوینه
....
laika prognoze

F C
120 40
90 30
60 20
30 10
0 0
-30 -10
-20

ترمومیټر
....
termometrs

د لمر وړانګې
....
saules gaisma

وريځ
....
mākonis

لړه
....
migla

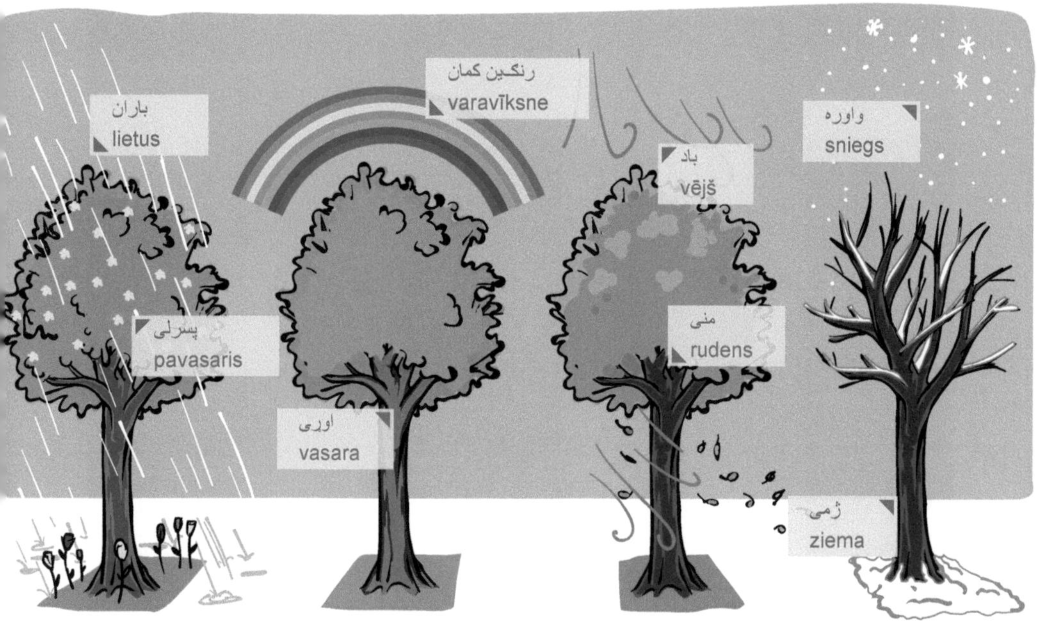

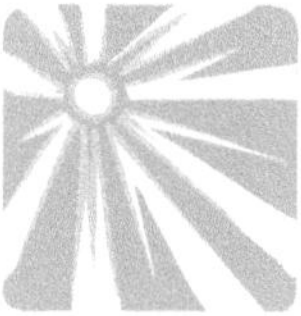

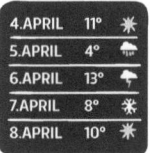

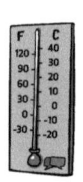

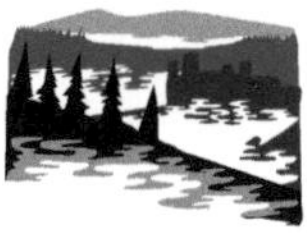

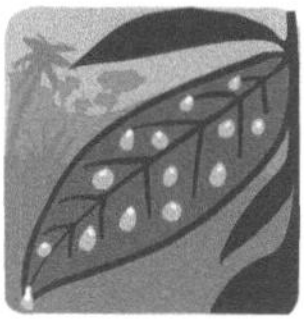

رطوبت
....
gaisa mitrums

رنا

zibens

تندر

pērkons

توفان

vētra

ژلۍ وریدل

krusa

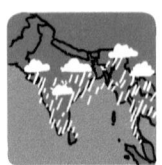

مون سون باران

musons

سیلاب

plūdi

یخ

ledus

جنوري

janvāris

فبروري

februāris

مارچ

marts

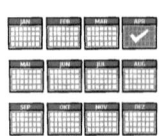

اپرېل

aprīlis

مۍ

maijs

جون

jūnijs

جولای

jūlijs

اګست

augusts

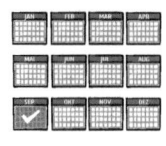

سپتّمبر
....
septembris

اكتوبر
....
oktobris

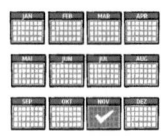

نومبر
....
novembris

دسمبر
....
decembris

شكلونه

formas

دايره
....
aplis

مربع
....
kvadrāts

مستطيل
....
četrstūris

مثلث
....
trīsstūris

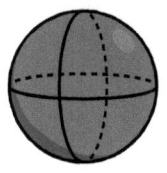

توپ
....
lode

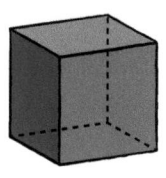

فال
....
kubs

krāsas

سپين
....
balts

ژير
....
dzeltens

نارنجي
....
oranžs

کـلابي
....
sārts

سور
....
sarkans

ارغواني
....
lillā

نيلي
....
zils

ٿين
....
zaļš

نسواري
....
brūns

خر
....
pelēks

تور
....
melns

خورا دير/خورا لږ

daudz / maz

قار/ارام

saniknots / miermīlīgs

ښکلي/بدشکله

skaists / neglīts

پيلا/پای

sākums / beigas

لوی/کوچنی

liels / mazs

روښانه/تياره

gaišs / tumšs

ورور/خور

brālis / māsa

پاک/ككر

tīrs / netīrs

مكمل/نامكمل

pilnīgs / nepilnīgs

ورخ/شپه

diena / nakts

مړ/ژوندی

miris / dzīvs

پراخه/نرى

plats / šaurs

د خوراک ور/نه خورل کیدونکی

baudāms / nebaudāms

بد/مهربان

nikns / laipns

پاريدلي/بي خونده

satraukts / garlaikots

چاق/لاغر

resns / tievs

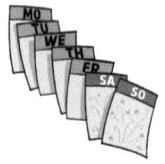

لومړی/اوروستی

pirmais /pēdējais

ملګري/دښمن

draugs / ienaidnieks

ډک/تش

pilns / tukšs

سخت/نرم

ciets / mīksts

دروند/سپک

smags / viegls

لوږه/تنده

izsalkums / slāpes

ناروغ/روغ

slims / vesels

غيرقانوني/قانوني

nelegāls / legāls

هوښيار/ساده

inteliģents / dumjš

کين/ښي

kreisais / labais

نزدي/لري

tuvu / tālu

روزو/نوين

jauns / lietots

هیڅ/یو څه

nekas / kaut kas

بدا/خوان

vecs / jauns

چالا/بند

ieslēgts / izslēgts

خلاص/ترلی

atvērts / slēgts

غلی/لور غر

kluss / skaļš

بدایه/غریب

bagāts / nabags

صحیح/غلط

pareizi / nepareizi

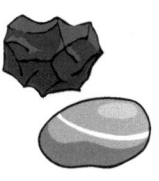

زبر/ملایم

raupjš / gluds

خفه/خوش

noskumis / laimīgs

لنډ/اوږد

īss / garš

سست/گرندی

lēns / ātrs

لوند/وچ

slapjš / sauss

ګرم/یخ

silts / vēss

جګر/سوله

karš / miers

skaitļi

0	**1**	**2**
صفر	یو	دوه
nulle	viens	divi
3	**4**	**5**
دری	څلور	پنځه
trīs	četri	pieci
6	**7**	**8**
شپږ	اوه	اته
seši	septiņi	astoņi
9	**10**	**11**
نهه	لس	یولس
deviņi	desmit	vienpadsmit

12
سولد

divpadsmit

13
سرايد

trīspadsmit

14
سرٵوخ

četrpadsmit

15
سلخنپ

piecpadsmit

16
سراپش

sešpadsmit

17
سلوو

septiņpadsmit

18
سلتا

astoņpadsmit

19
سلون

deviņpadsmit

20
لش

divdesmit

100
لس

simts

1.000
رز

tūkstotis

1.000.000
ميليون

miljons

انگلسي

angļu

امريكايى انگلسي

amerikāņu angļu

چينايى مندرين

ķīniešu mandarīnu valoda

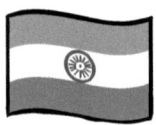

هندي

hindi

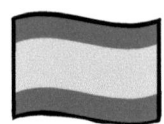

هسپانوي

spāņu

فرانسوي

franču

عربي

arābu

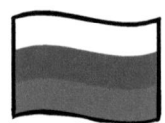

روسي

krievu

پرتكالي

portugāļu

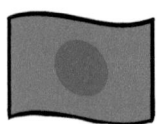

بنگالي

bengāļu

آلماني

vācu

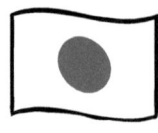

جاپاني

japāņu

زه

es

ته

tu

هغه/دغه/دا

viņš / viņa

موږ

mēs

تاسی

jūs

دوی/هغوی

viņi / viņas

ژوک؟

kas?

ژه؟

ko?

ژنگه؟

kā?

چیری؟

kur?

کله؟

kad?

نوم

vārds

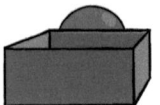

شاته
....
aiz

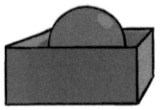

په
....
iekšā

په مخه کی
....
priekšā

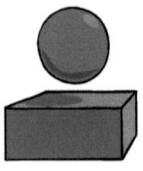

باندي
....
virs

په
....
uz

لاندي
....
zem

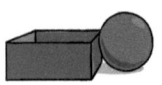

برسیره پر
....
blakus

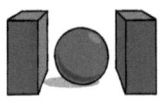

ترمینځ
....
starp

ځای
....
vieta